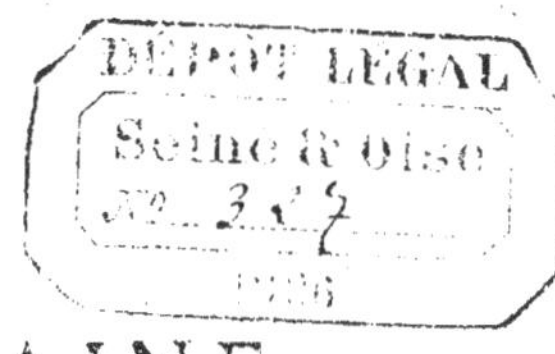

DÉPOT LÉGAL
Seine & Oise
N° 3...


# UNE CINQUANTAINE

## TYPOGRAPHIQUE

### A L'IMPRIMERIE DE *L'ÉCHO PONTOISIEN*

---

### 12 JANVIER 1885

*PONTOISE*

IMPRIMERIE DE AMÉDÉE PARIS

—

1885

# UNE CINQUANTAINE

## TYPOGRAPHIQUE

A L'IMPRIMERIE DE *L'ÉCHO PONTOISIEN*

---

12 JANVIER 1885

*PONTOISE*

IMPRIMERIE DE AMÉDÉE PARIS

—

1885

# UNE CINQUANTAINE

E 12 Janvier 1885, l'atelier de l'imprimerie de *L'Écho Pontoisien* avait un aspect tout autre que d'habitude.

On riait sous cape, ouvriers et apprentis chuchotaient en souriant, on prenait des airs mystérieux ; le travail s'en ressentait nécessairement, mais les Patrons fermaient les yeux, se joignant même quelquefois aux mystérieux conciliabules de l'un et de l'autre.

Quel événement extraordinaire pouvait donc troubler ainsi tous ces travailleurs, ordinairement si paisibles et si stables à leurs *casses* ?

C'était une cinquantaine à célébrer.

Un des leurs, M. Jules Yngrave, atteignait à cette date la cinquantième année de son entrée comme apprenti dans la maison, sous M. Dufey, prédécesseur de M. Amédée Paris.

Et depuis cette époque, sauf une très courte interruption, il avait travaillé comme ouvrier dans cette même maison.

Ses Confrères d'atelier, restés tous ses amis, tenaient à célébrer cet anniversaire et, de complicité avec les Patrons, s'étaient cotisés pour lui offrir un souvenir, un gage de leur estime.

L'un de ses collègues, M. V. Bourgeade, depuis onze ans dans la maison, fut chargé de lui adresser quelques paroles, reproduites ci-après.

Le plus ancien de l'atelier, après le cinquantenaire, M. Jolly (46 ans de séjour), eut la douce joie de lui présenter, non sans émotion, le souvenir choisi pour perpétuer cette date; il avait à ses côtés : M. Arsène Dangueuger, élève du héros de la fête, surnommé *le Général*, entré comme apprenti sous ses ordres le 14 Juin 1858; M. Voisin (17 années de présence dans la maison), et de tous les autres ouvriers et apprentis de l'atelier, derrière lesquels se tenaient, comme arrière-garde, les Patrons, MM. Paris père et fils, heureux de se joindre à cette démonstration toute fraternelle.

Voici l'allocution de M. V. Bourgeade :


Messieurs et chers Confrères,


Le 12 Janvier 1835, un jeune enfant, natif de Lon
guésse, entrait dans l'imprimerie du regretté M. Dufey,
l'homme aimé et estimé que la plupart d'entre nous ont
connu, soit comme patron, soit après qu'il eut cédé sa
maison à M. Amédée Paris, notre patron actuel, qui lui
succède si dignement.

Vous savez tous, Messieurs, vous qui avez dû passer
par un apprentissage sérieux, mais quelquefois bien dur,
que l'enfant qui a l'heureuse fortune de prendre place
parmi des confrères capables, est forcé, à moins d'inca-
pacité flagrante, de paresse ou d'insoumission, de devenir
un bon ouvrier Typographe, aimant son métier et n'ayant
qu'un désir, celui de se perfectionner par tous les moyens
possibles, et ils sont, Dieu merci ! variés et nombreux
dans « l'art Typographique ?... »

Doué de l'intelligence nécessaire, avide d'apprendre,
l'enfant dont j'ai l'honneur de vous entretenir en ce
moment, guidé par un bon praticien, M. Huyot, alors
prote chez M. Dufey, qui lui-même, connaissant parfai-
tement la Typographie, aidait de ses précieux conseils le
jeune « *attrape-science*, » cet enfant, dis-je, est parvenu,
à force de travail, à force de persévérance, à acquérir
non seulement les connaissances Typographiques les plus
élevées, mais encore à pénétrer les secrets les plus cachés
de l'Imprimeur-Typographe.

Permettez-moi, Messieurs, de saluer ici, en votre nom et au mien, cet enfant, cet habile Typographe-Imprimeur que vous connaissez tous, j'ai nommé M. YNGRAVE !...

Il y a aujourd'hui *5o ans*, Messieurs, que notre doyen, M. YNGRAVE, franchissait le seuil de cette Imprimerie, dont la fondation remonte à 1793 ! !...

Il y aurait bien des pages à écrire sur ces 5o années de travail, de dévouement, parcourues sans relâche et sans découragement; mais, Messieurs, il faudrait pour cela une autre plume que la mienne, car un volume entier ne suffirait pas pour décrire tout ce qu'il y a de beau, de bien, de désintéressement surtout dans le demi-siècle de travail qu'a fourni M. YNGRAVE. L'ouvrier aimant son art ne mesure pas, comme le marchand, s'il a plus ou moins fait d'ouvrage, quand l'intérêt de son patron est en jeu.

Il ne m'est malheureusement pas possible, Messieurs, de suivre notre doyen dans ses 5o ans de Typographie; une seule personne ici pourrait nous guider à travers ces nombreuses années : c'est son vieux Compagnon, son ami du premier âge, avec lequel il a appris cet art merveilleux dont l'invention a immortalisé Gutenberg !.... cette personne, Messieurs, son nom est sur toutes vos lèvres, c'est encore un doyen que, j'en conserve le doux espoir, nous fêterons à son heure, un bon et honnête confrère, c'est M. JOLLY, auquel j'offre ici l'assurance de notre sympathique respect.

Étant parvenu à l'apogée Typographique, M. YNGRAVE, ayant fait lui-même un dur apprentissage, comprit qu'il était de son devoir d'apprendre, mais *sérieusement apprendre,* à autrui ce que d'autres lui avaient enseigné. A ce propos, permettez-moi, Messieurs, de vous parler d'un de nos estimables confrères qui compte 27 ans de présence dans cette Maison, ce qui commence à compter.

C'était un apprenti de M. Dufey, placé sous la direction de M. Yngrave, qui le gratifiait, non sans quelque raison, et toujours pour son bien, de fréquentes *taloches* et allait même jusqu'aux coups de *réglette* (c'était tout naturel, il était metteur en pages....)

Croyez-vous, Messieurs, que cet apprenti s'en plaigne aujourd'hui ? Non, car il a si bien profité des conseils et des *taloches* de son professeur, qu'il est actuellement un excellent Typographe et, de plus, ce qui est à remarquer, il occupe la place et tient la *réglette* de son *tyran* d'alors. Ce confrère, vous le connaissez, Messieurs, n'est-ce pas M. Arsène ?.....

Voilà, Messieurs, où conduisent le travail et la persévérance : l'élève a remplacé le professeur, qui, alerte et bien portant, reste toujours debout; douce consolation pour lui, car il peut admirer son œuvre et se reconnaître dans cet apprenti qu'il a fait ouvrier.

Heureux aussi l'apprenti à qui il est donné de pouvoir fêter la cinquantaine de son metteur en pages !!!...


Cher Confrère et Doyen,


Vos Patrons et vos Confrères n'ont pas voulu laisser passer vos Noces d'or Typographiques sans vous offrir un souvenir qui puisse rappeler, à vous et à vos survivants, l'estime et la sympathie qu'ils vous ont toujours témoignées.

Voyez autour de vous les Patrons, les Ouvriers et jusqu'aux apprentis, tous ont voulu contribuer à perpétuer ce souvenir; touchant exemple d'union et de confraternité qui sera suivi, nous osons l'espérer, pour le bien de tous et la prospérité de la Maison.

Au nom de MM. Paris, au nom de tous vos Confrères,
veuillez accepter ce COMPOSTEUR D'HONNEUR[1], qui est pour
vous le *bâton de Maréchal du Typographe*, grade que
vous avez si bien mérité !

Le soir, Ouvriers et Patrons se réunirent autour
d'une galette dorée, arrosée d'un punch flamboyant,
et l'on s'est séparé en se promettant de renouveler
la cérémonie au prochain cinquantenaire.

(1) C'était un composteur en argent, objet d'art d'étagère, sur
lequel étaient gravés le nom du cinquantenaire et les dates commé-
moratives.

www.ingramcontent.com/pod-product-compliance
Lightning Source LLC
LaVergne TN
LVHW011938170726
843501LV00011BA/4472